DIRGELWCH YR
UNCORN

Nathoch chi weld hynna? Dwi'n hen giamstar...

?

Ond... Ma' rhywun 'di dwyn fy waled!

Ti'n siarad drwy dy het!... Yli, ma'n rhaid bo ti wedi'i gadael hi adra, naill ai hynny neu ti 'di cholli hi...

Dwi'n deud 'tha chdi, ma' rhywun 'di dwyn hi!

Hwde, dal gafal yn rhain... Mi dala i.

Ti wastad 'run fath... Pwy arall ond ti fysa'n gadael i hen ladronach bigio dy bwrs o dan dy drwyn?!

?

Ma' rhywun 'di pigio fy nhrwyn!

Fe wna i dalu...

Diolch, Tintin... Nawn ni'ch talu chi nôl yfory.

'Co chi.

Reit, 'dan ni'n mynd i riportio hyn yn ddiymdroi...

Stopiwch!... Lleidr!... Fy nghês!...

ANTURIAETHAU TINTIN

DI████YR
████N

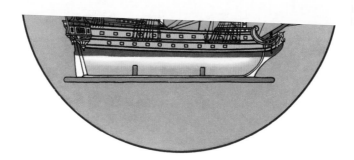

ADDASIAD
DAFYDD JONES

DALEN

dalenllyfrau.com

Dirgelwch yr Uncorn yw un o nifer o lyfrau straeon
stribed gorau'r byd sy'n cael eu cyhoeddi gan Dalen yn
Gymraeg ar gyfer darllenwyr o bob oed. I gael gwybod
mwy am ein llyfrau, cliciwch ar ein gwefan
dalenllyfrau.com

Tintin o gwmpas y Byd

Affricaneg Protea Book House
Almaeneg Carlsen Verlag
Armeneg Éditions Sigest
Asameg Chhaya Prakashani
Bengaleg Ananda Publishers
Catalaneg Juventud
Cernyweg Dalen Kernow
Corëeg Sol Publishing
Creoleg Caraïbeeditions
Creoleg (Réunion) Epsilon Éditions
Croateg Algoritam
Cymraeg Dalen (Llyfrau)
Daneg Cobolt
Eidaleg RCS Libri
Estoneg Tänapäev
Ffinneg Otava
Ffrangeg Casterman
Gaeleg Dalen Alba
Groeg Mamouthcomix
Gwyddeleg Dalen Éireann
Hindi Om Books
Hwngareg Egmont Hungary
Indoneseg PT Gramedia Pustaka Utama
Isalmaeneg Casterman

Islandeg Forlagið
Latfieg Zvaigzne ABC
Lithwaneg Alma Littera
Llydaweg Casterman
Norwyeg Egmont Serieforlaget
Portiwgaleg Edições ASA
Portiwgaleg (Brasil) Companhia das Letras
Pwyleg Egmont Polska
Rwmaneg Editura M.M. Europe
Rwsieg Atticus Publishers
Saesneg Egmont UK
Saesneg (UDA) Little, Brown & Co (Hachette Books)
Sbaeneg Juventud
Serbeg Darkwood D.O.O.
Sgoteg Dalen Scot
Siapanaeg Fukuinkan Shoten Publishers
Slofeneg Učila International
Swedeg Bonnier Carlsen
Thai Nation Egmont Edutainment
Tsieceg Albatros
Tsieinëeg (Cymhleth) (Hong Kong a Taiwan) Sharp Point Press
Tsieinëeg (Syml) China Children's Press & Publication Group
Twrceg Alfa Basım Yayım Dağıtım
Cyhoeddir Tintin hefyd mewn nifer o dafodieithoedd

Le secret de la Licorne
Hawlfraint © Casterman 1946
Hawlfraint © y testun Cymraeg gan Dalen (Llyfrau) Cyf 2020

Cyhoeddwyd yn unol â chytundeb ag Éditions Casterman
Cyhoeddwyd yn gyntaf yn 2020 gan Dalen (Llyfrau) Cyf, Glandŵr, Tresaith, Ceredigion SA43 2JH
Mae Dalen yn cydnabod cefnogaeth ariannol Cyngor Llyfrau Cymru
Llythrennu gan Lannig Treseizh
ISBN 978-1-913573-01-0

Argraffwyd yn yr Alban gan Bell & Bain

Beth yw'r twrw?

Maen nhw 'di dal rhyw rapsgaliwns 'mwn!

Dau dditectif?!... Cewch chi ddeud hynna wrth y Prif Arolygydd!

Dere Milyn...

Fi'n dod!

Hei, drycha ar hon... Hen long ryfel...

On'd yw hi'n un hardd?... Bydde hi'n anrheg berffeth i'r Capten Hadog, smo ti'n credu?

Faint amdani?

Dwybunt... Ma' ddi'n hen bishyn bach deche 'chwel... ym... llong galwyn... ym, galiwn, chi'mod...

Gymerwch chi bunt amdani?

Iawn! Ma' ddi werth punt a chweugen, ond fe gewch chi ddi am bunt...

Be 'di pris y llong ene?

Mae'n ddrwg 'da fi, syr, ond ma'r gŵr ifanc fan hyn newydd ei phrynu ddi.

!

Ga i ei phrynu hi gynnoch chi?

Wel, mae arna i ofn nad ydw i am ei gwerthu hi...

Ond clywch hyn, gyfaill, mi dwi'n casglu modele hen longe... Be 'swn i'n cynnig talu ddwyweth yr hyn nathoch chi dalu amdani, e?

Diolch, ond dim diolch.

Faint gymri di am y llong 'na?

Rwy'n flin iawn, ond dyw'r llong yma ddim ar werth!

Dewch o 'ne, mi dala i bumpunt amdani!

Decpunt!

Na!

Ugien!

Deugen!

Reit, gwrandewch, y ddau ohonoch chi... Mae hon yn anrheg i ffrind, a does gen i ddim bwriad ei gwerthu, felly plîs gadewch lonydd i mi!

Ond pam fod y ddau mor awyddus i'w phrynu hi?

Cyn pen dim...

Mae hi'n berffeth, bydd Capten Hadog wrth ei fodd.

DRRING

A dyma fe ar y gair!

Rwy'n erfyn arnoch i fadde i mi...

?

Feiddiwn i ddim dangos unrhyw ddiffyg parch, ond fe gofiwch i mi ddweud fy mod yn casglu modele hen longe... Ac mi fyddwn yn llawenhau petaech yn cytuno gwerthu'r llong ene i mi.

Ac fe gofiwch chi mai anrheg i gyfaill yw hi...

Yn union! Mae gen i longe rif y gwlith, a falle 'se modd cyfnewid un ohonyn nhw ar gyfer eich cyfaill...

Mae'n flin iawn gen i, ond wna i ddim.

Ond 'styriwch yr hyn rwy'n ei gynnig, a rhowch ganiad... Dyma fy ngherdyn.

Wna i ddim newid fy meddwl!

A wna i ddim anobeithio.

Hwyl fawr i chi.

CRENSH

?

Beth nawr?!

Milyn!... Beth wyt ti 'di neud?

Mae hi 'di torri nawr...

Hmmm, diolch byth, fe eith y mast nôl i'w le...

DRRRING

Y Capten fydd hwn, yn bendant.

Shwmae!

Helo Capten, dyma chi wedi cyrraedd o'r diwedd.

Dewch mewn, mae gen i rywbeth i ddangos i chi...

Tintin, mae hon yn wych!

Ond mawredd mawr!

Gwêd, boi bach... Ble ddest ti o hyd i'r llong 'ma?

Ym marchnad Pant-sod... Pam?

Picls Porthcawl!... Jiawl, mae'n anodd 'da fi gredu... Ma' hyn yn gyd-ddigwyddiad rhyfeddol!...

Reit! Dere 'da fi, gwboi, i ti gael gweld!

Mae e'n rhyfeddod, wir i ti!

Nawr, dyma ni...

Cei di weld...

'Shgwl!

Ife... Ife chi yw hwnna?

E?... O, nage, nage, cyndaid i fi yw hwn, y Fflydweinydd Madog ap Hadog, rhyfelwr ar y moroedd mawr yn ystod yr ail ganrif ar bymtheg.

Ond dere fan hyn, edrycha di'n ofalus ar y llong 'na yn y cefndir...

Mae hi'n debyg iawn i'r llong sy gen i nôl yn y fflat, on'd yw hi?

Ma' ddi'n gwmws yr un peth, 'chan! Yr un llong yn union... 'Smo ti'n credu bo na'n beth rhyfedd?

Hei, drychwch fan hyn, enw'r llong mewn llythrennau bach bach... Dyna fe, yr **UNCORN**.

Diawch eriôd, ti'n iawn, sylwes i ddim ar hwnna o'r blaen!

'Sgwn i os oes enw ar y model o'r llong sy gen i... Arhoswch chi fan hyn tra 'mod i'n mynd i edrych.

Bydd hi'n eitha cyd-ddigwyddiad os yw'r un enw ar fy llong i...

Dere weld, Milyn...

Mam fach! Mae hi 'di mynd!

DRRRING...
DRRRING...
DRRRING...

Ie?... O, helo, ti sy 'na... Beth yw enw dy long di 'te?... Beth wedest ti? Ma' rhywun wedi dwgyd dy long di?

Oes, mae rhywun wedi'i dwyn hi... Na, sdim syniad 'da fi pwy fydde wedi gwneud, neu... Clywch, Capten, gaf i ffonio nôl mewn hanner awr?

Wel, mae'n bosib...

IVAN IVANOVITCH SAKHARINE
Casglwr (Medelydd)

21 Maes y Myrtwydd

Mae'n bryd ymweld â'r bonwr Ivan Ivanovitch Sakharine!

Dyma ni...

MAES Y MYRTWYDD

Os nagw i'n camgymryd, weden i fod antur newydd ar droed...

DRRING 21

Mae ein cyfaill Sakharine yn mynd i gael eitha syrpreis wrth agor y drws!

Croesaw!... Dewch i mewn o'r fan ene, mi dwi 'di bod yn disgwyl amdanoch.

!

Yn disgwyl amdana i?... Rŷch chi'n gwybod pam 'mod i yma felly?

Wrth gwrs...

'Dech chi yma i ddeud eich bod wedi newid eich meddwl ynglŷn â gwerthu eich llong...

Ddim o gwbwl!

Sut felly?... Dydw i ddim yn deall...

Hoffwn weld eich casgliad o longau... Ac rwy wedi dod yma am fod rhywun wedi dwyn fy llong...

...a dyma eich cyfle i esbonio sut yn union mae fy llong i wedi cyrraedd eich casgliad chi!

'Dech chi 'di gneud camgymeriad, gyfaill... Mae'r llong ene wedi bod yn fy nghasgliad ers o leia deng mlynedd...

Beth? Ond roeddech chi'n ceisio'i phrynu oddi arna i prin ddwyawr yn ôl!

Nid honne fan ene oedd y llong!... Roedd eich llong chi yn union yr un peth â hon, ond nid honne fan ene oedd hi!

Gwedwch chi.

Wel, mae'n bosib profi hyn... Trwy ddamwain, fe syrthiodd fy llong ar y llawr, ac fe dorrodd y brif hwylbren - roedd modd i mi drwsio'r peth yn ddigon rhwydd, ond roedd y man lle'r oedd y mast wedi torri yn amlwg. Nawr, gaf i edrych ar hwylbren eich llong chi?

Ond... Mae'r mast yn gyfan... Nid fy llong i yw hon!

Fel y gwelwch!

Medraf ddeall eich bod yn syfrdan, fel yr oeddwn innau wrth weld ail long yn union fel hon yn cael ei gwerthu ym marchnad Pant-sod... Ac am fod hynne'n beth mor anghyffredin, roeddwn i'n daer am ei phrynu hi...

Rwy'n gobeithio y gwnewch chi faddau i mi... Mae'n ddrwg iawn gen i.

Na phoenwch!... Rhowch wybod i mi os ddowch o hyd i'ch llong.

Mae'n anodd gwneud synnwyr o hyn... Dwy long yn union yr un peth â'i gilydd, gyda'r un enw â'r llong yn y darlun sy gyda Capten Hadog... yr **UNCORN**.

Rhaid ffonio'r Capten ar unwaith i ddweud wrtho...

Prysur!

O, mae hyn y tu hwnt! Mae'n anodd credu fod rhai pobol yn treulio gymaint o amser ar y ffôn... O'r diwedd!

Allan â ni, Piero... Mae'r glaw wedi pallu!

Dim ateb – rhaid bod y Capten wedi mynd mâs... Dere, Milyn!

Felly, pwy oedd y lleidr? Y dyn arall oedd am brynu'r llong, mae'n rhaid...

Hei, mae drws y fflat ar agor... Beth sy nawr?

Nefoedd! Mae rhywun 'di torri mewn!

Mae rhai o'r llyfre hyn wedi'u difetha!

Drycha ar hwn, Milyn!... 'Sdim parch 'da rhai pobol at ddim!

Dau ladrad mewn un diwrnod! Beth mwy all fynd o'i le?...

Ond beth sy wedi cael ei ddwgyd y tro 'ma?

Pa fath o ladrad oedd hwn? Does dim byd wedi mynd o'r fflat...

Mae pwy bynnag fuodd yma wedi bod trwy bopeth... Ond yn chwilio am beth?

Drannoeth...

Bore da! O... Mam fach! Beth ddigwyddodd i chi?

Dim byd, dim byd... Traffarth ym Mhant-sod, dyna'r cyfan.

Dyna ni, yn union... Traffarth, dim mwy, dim llai... Nathon ni alw heibio neithiwr i dalu am y ffyn cerddad, ond doeddach chi'm yma...

Nethoch chi lwyddo dod o hyd i'ch waled?

Naddo, yn anffodus, ond mi brynish i waled newydd y bora 'ma, ac... ac...

Grasusas!... Ma' rhywun 'di dwyn fy waled!

! !

Mae hyn yn warthus, yn hollol warthus!... Ond daliwch chi... Mae'n rhaid mai'r gŵr yna wnes i daro mewn iddo ar y grisia neithiwr, pan nathon ni'n dau alw yma i'ch gweld...

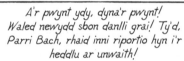
Disgrifiwch y dyn...

Nes i daro mewn iddo fo hefyd!

Gŵr llond ei lodra, fatha reslar... Gwallt du, mwstash bach du... Siwt las, het frown...

Dyna'r dyn oedd yn y farchnad!

Ond mae'n amhosib iddo fod wedi dwyn eich waled newydd os mai'r bore 'ma nethoch chi ei phrynu hi!

Hmmm... Pwynt da...

A'r pwynt ydy, dyna'r pwynt! Waled newydd sbon danlli grai! Ty'd, Parri Bach, rhaid inni riportio hyn i'r heddlu ar unwaith!

Mae o yn llygad ei le, 'sgynnon ni ddim amsar i'w golli!

Gofalus!

Hei, 'rhen goes, aros amdana i!

Ty'd o 'na, dwi lawr staer yn barod!

Druan â nhw, sdim byd yn mynd yn rhwydd... Mae 'na dor-cyfraith yn rhywle drwy'r amser!

Wel, cystal i mi ddechre rhoi trefn ar bethe fan hyn...

Beth sy 'da ti fan 'na, Milyn?

Beth yw hwnna? Sigarét?... Dyna le rhyfedd...

Nid sigarét yw e... Sgrôl fach, darn o bapur memrwn...

Sa'i 'di gweld hwn o'r blaen... O ble ddaeth e?... Dere, Milyn, i ni edrych yn fanylach...

Dyma ddirgelwch arall!

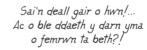

Tri hael ymrawd. Tri Unkyrn y sydd.
Tri dawn leferydd. Ante tertiam horam.
Llewych Haul ar y lluwch
oedd lleufer Eryr o'r Nefoedd.
1 9 0 5 ?
Eryr †.

Sai'n deall gair o hwn!... Ac o ble ddaeth y darn yma o femrwn ta beth?!

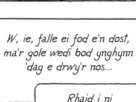

Ymaith, wehelyth! I'r jiawl â chi!

Capten!

O 'ngolwg, helgwn y weilgi! Y bytheiaid gwaedlyd! Y bashi-baswcs!

Yr herwgipwyr! Bolamorloi! Gwreichion y rhibyn! Y pŷs gleision!

Ohoi! Buddugoliaeth!... 'Co nhw'n mynd fel cathod ar dân, io ho, io ho, dewch lancie mwyn i hwylio!

Ond... Pam shwd ddrama?

Drama?... Nid drama yw hi, grwt!... Dere 'da fi, a byddi di'n deall...

Ti'n gweld y bachan hyn?

Odw... Un o'ch cyndeidiau, wedoch chi.

Reit, wel, wrth feddwl neithiwr am yr holl halibalŵ gyda'r llonge, fe gofies i 'mod i wedi hwpo'r hen gist forio 'ma i'r atig flynydde'n ôl... A dyma hi, cist forio oedd yn eiddo i neb llai na'r Fflydweinydd Madog ap Hadog!

Ac yn y gist, ffeindies i het sgellog a chleddyf cwta, a rhwbeth arall hefyd...

Beth?... Trysor?!... Neu fap trysor?!

Na, na, dim trysor, ond rhwbeth tebyg... Hen gofnodion, llawysgrifau gan Madog ap Hadog ei hunan, rhyw fath o ddyddiadur... Dishgwl, dechreues i ddarllen neithiwr, ac fe ddarllenes i drwy'r nos...

Dydd-lyfr
Y Fflydweinydd
Madog vab Hadoks
Ufudd deyrnwas
y Brenin
Fflyd Farchog yr UnKorn

A dyna ble'r ôn i nawr yn darllen, pan ddest ti mewn... Ti'n deall pam ôn i wedi cyffroi gyment?... Wedi gor-gyffroi falle... Ond mae'n stori ryfeddol 'twel, gad i fi 'weud 'tho ti...

Nawr 'te, y flwyddyn yw 1698, ac mae llong yr **UNCORN** o'r fflyd frenhinol wedi codi hwyl, yn morio tuag adre o India'r Gorllewin... Mae'n drymlwythog, yn cludo... Wel, y peth pwysica i ti wybod yw bod cargo o rym yng nghrombil y llong...

Deuddydd ers gadael y tir mawr, ag awel deg yn llenwi'r hwyliau, mae'r **UNCORN** ar ogwydd, yn tacio i'r 'starbwrd... Yn ddi-rybudd, uwchben fflip-fflap y topsl, daw sgrech o entrych nyth y frân...

Llong! Ar yr aswy!

Mawredd y moroedd!... Ma' ddi'n tynnu'n nes i'r cyfeiriad hyn... Mefl ar fy marf, mi fentraf mai ei bwriad fydd torri ar ein traws...

Ma' ddi'n symud yn glou 'ed... Llong chwim, myn yffarn i, ond sdim baner yn y golwg... O! Dyma ni, mae'r faner yn codi...

!

Esgyrn yr ysbail! Môr-ladron!

Clywch, bois baaach!... Cliriwch y deciau! Dynion i'r llyw ar y pŵp!... Pobun yn barod i gydio'r gwynt ar y troaaad!

Felly, gan droi ar lawn hwyl i mewn i'r gwynt a gyrru o'r hwylbren, mae'r **UNCORN** ar ffo rhag môr-ladron chwim arfordir Barbaria...

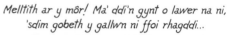

Melltith ar y môr! Ma' ddi'n gynt o lawer na ni, 'sdim gobeth y gallwn ni ffoi rhagddi...

Dim ond un dewis sydd – rhaid osgamu i dwyllo'r erlidwyr! Cynllun mentrus y Capten yw arafu ar y don, cyn tacio'r aswy... Wrth i'r **UNCORN** droi ac wynebu'r môr-ladron â'r heli yn eu dannedd, bydd yn tanio salfo i'r brodseid... A dyna floedd y Capten!...

Trowch gyda'r hwylie! Rhyddhewch y cyweirch! Paratowch i danio'r pabwyr!

Mae'r **UNCORN** nawr wedi troi i wynebu'r gelyn – doedd y môr-ladron ddim yn disgwyl hynna! Dyma hi, felly, llong ryfel frenhinol yn paratoi i danio at long chwim y môr-ladron ym merw meirch y môr... Gan bwyll...

TANIWCH!

Da iawn!

Ie, da iawn, fechgyn! Mae llong y môr-ladron wedi'i tharo, ond ddim yn ddifrifol... Mae'r môr-ladron yn troi, ond 'drycha Tintin!... ma'r diawled yn codi lluman newydd i frig yr hwylbren...

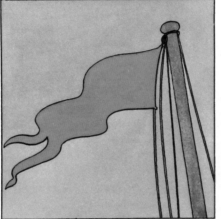

Y lluman coch!... Rhuddgoch fel gwaed! Bydd dim trugaredd, bachan bach, oherwydd brwydr hyd angau fydd hon! Dim carcharorion, wyt ti'n deall?! Os collwn ni, byddwn ni ar ein pen gyda Defi Jôs i waddod bedd gwyrdd y dŵr!

Mae crib goch y môr-ladron wedi codi, maen nhw'n tynnu'n nes ac yn nes... Mae heli'r aer yn sych fel corcyn ar fwrdd yr **UNCORN!**

Wyneb yn wyneb, mae'r **UNCORN** a'r gelyn yn sgwario, gyda'r pelenni plwm yn hedfan... Mae ysbeilwyr y moroedd yn tynnu'n nes...

Ac yna'n sydyn, o fewn cyrraedd i'r cyweirch, mae'r môr-ladron yn llithro heibio pŵp yr **UNCORN...**   Swiiish, dyna ni!

Cyn troi nôl i'w thrywydd, ac ochrau uchel y ddwy long gyferbyn â'i gilydd... A'r môr-ladron yn paratoi i fyrddio...

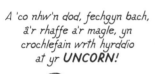
A 'co nhw'n dod, fechgyn bach, â'r rhaffe a'r magle, yn crochlefain wrth hyrddio at yr **UNCORN**!

Byddwch wrol, fechgyn! Peidiwch llithro!

Mâs o'r ffordd, grwtyn! Smo ti'n galler gweld ysbeilwyr y moroedd, y môr-ladron gythrel, yn heidio ar y dec?!

Yn ôl, heffrod y poeth-offrwm!

Ymaith o 'ngolwg, garthion cwteri Bryste! Twll eich tine chi!

Gadewch hwn i mi, lyfli bois, fe dorra i ei grib e!

Dere di, yr hwrlyn crawnllyd!

Wyt ti am dorri 'nghrib neu waeth, y ceiliog dandi?!

Hwp, gythrel y môr! Wnei di mo'n lladd i, gwboi!

Cymer hyn, a dyna ddiwedd arni!

A chithe, fwythdew fytheiaid, yn ymosod arna i o'r tu cefn...

Clywch sgrech yr adar drycin!

W, wel, ie, dyna'n fwy neu lai beth ddigwyddodd i'r hen Fflydweinydd... Wrth dowlu ei hunan ar y môr-ladron, syrthiodd cadwyni'r rigin a'i daro ar ei ben, a'i lorio ar y dec...

Roedd y llong wedi'i meddiannu gan y môr-ladron, dan gysgod dieflig y lluman coch... Talodd pob aelod o griw yr **UNCORN** gyda'i fywyd, cosb pob un oedd cerdded y planc...

Beth am Madog ap Hadog?

Mae yma bridwerth i amddiffyn brenhinoedd...

Ai dyna fyrdwn eich neges i mi?

Tawed hwn â'i dafod haerllug! Byrdwn fy neges, genaw diflas, yw cystwy'r sawl a wnaiff fy herio! Yfory, gydag anadl cyntaf y wawr, cewch eich traddodi ar drugaredd fy nghriw ysig a'i holl ystrywiau dihenydd!

Gyda'r geiriau hynny, cydiodd mewn gwydryn a chwerthin yn ddieflig, cyn llyncu dracht fel hyn...

Dyna ddigon, Capten! Ewch ymlaen â'r stori...

O ie, reit, wel, cyn iddi gau, daeth yr **UNCORN** a'i chriw o fôr-ladron ar draws ynys fechan... Yno, roedd hafan dawel yn angorfa ddiogel dros nos...

Ac wedi'r machlud, daeth y môr-ladron o hyd i'r cargo rym ym mol yr **UNCORN**, torri'r casgenni, ac yfed nes eu bo nhw'n chwilgorn...

Chwilgorn!... Ie, dyna'r gair... Chwilgorn!

Hei, beth sy'n bod arnot ti?!... Dim ond dangos...

Mae'n iawn, Capten, rwy'n deall.

O reit, gwêd ti... Nawr 'te, ble ôn i?...

Y môr-ladron yn chwilgorn...

Ieee...

Wow! Shwd aeth un yn ddau?...

Iawn, wel, yn y cyfamser...

Yn y cyfamser, ôdd Madog ap Hadog yn ymdrechu'n daer i ryddhau ei hunan...

Arhoswch chi, ysbeilwyr bach!... Cyn gwawrio Dydd Sul Dadrith, cewch gen i noson fythgofiadwy...

Yn rhydd! Un llaw yn gyntaf...

Ac rwy'n rhydd!

Byddwch wyliadwrus, Rhaca Goch, rwy'n dod!

Gyda'r geiriau hynny, fe daflodd ei hun...

Fe daflodd ei hun ar y môr-ladron?

Na, na... Fe daflodd ei hun ar botel o rym yn rholio ar y dec, ei chodi at ei weflau ac...

Ac oedi, "Nid dyma'r amser i yfed! Bydd angen meddwl clir arna i...", a gyda hynny, taflodd y botel o'r neilltu.

Ym, ie, 'na ti, ei thaflu i ffwrdd... Yna cydio mewn cleddyf cwta, a bwrw golwg yn sydyn i gyfeiriad y dec blaen lle'r oedd y gyfeddach feddw yn mynd rhagddi...

Â'r ffel yn ffôl, a'r ffôl yn ffolach... Tra 'mod i'n mynd am dro i'r storfa ffrwydron!

Ac wyt ti'n gwybod, wrth gwrs, mai yn y storfa ffrwydron mae'r holl bowdwr gwyllt yn cael ei gadw...

Dyna ni... Pwy gael parti heb dân gwyllt?!

A dyma fi ar ffo! Ymhen ychydig, caiff y llong a phob enaid arni eu dryllio mewn tanchwa!

POWDWR

Oedwch ennyd, gyfaill!

!

Ai dyma eich bwriad, Fadog myngfras? Fy lladd innau a phob un o'm dynion tan fantell nos? Cewch dalu am hyn mewn gwaed!

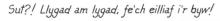

Sut?! Llygad am lygad, fe'ch eilliaf i'r byw!

Ac fe wna i eich blingo, y ceiliog ffesant yffarn, torri eich crib fel garlant cystal ag eurlen o blu paun i wasgu pen!

POWDWR

POWD

Camwch yn ôl, ond wnewch chi ddim dianc!

Un cam arall, y ceiliog croch!

POWDWR

A thrwy ffrewyll yr ymrafael, roedd meddwl Madog ap Hadog ar ddiffodd y tân oedd yn rhuthro ar hyd y ffiws tua'r casgenni powdwr...

Neidiodd, cyn ochrgamu, taro gyda'r cleddyf cwta, neidio eto...

...ac, mewn un symudiad, diffodd y ffiws gyda'i sawdl!

WOWOW!

Nawr, Rhaca Goch, rwy'n ffromi!

BANG *
BWM *
DINNG *
CRAC

Buddugoliaeth! Mae Rhaca Goch yn gelain ac mae'r gwynt yn ein hwyliau!

Gorffennwyd! Boed i drugaredd yr Iôr faddau i chi eich pechodau...

Dim mwy o oedi!... Tanio'r ffiws weth...

...ac i ffwrdd!

Mae'r meddwon yn dal i forio canu... Dyma fy nghyfle i neidio i'r bad bach!

25

Maent yn dwedyd bod yr wylan ar y traeth yn cadw tafarn...

...Ac yn gwerthu'n rhad y ddiod, dyna un o'r saith rhyfeddod!

O Frenin Cyfiawnder!

A dyna fu tynged yr **UNCORN,** pennaf llong y fflyd ryfel gyda'r hen Fadog ap Hadog wrth y llyw... A nath dim un o'r môr-ladron ddianc gyda'i fywyd y noson honno!

Beth ddigwyddodd i Madog ap Hadog wedi hynny?

Wel, ar yr ynys fach bellennig, fe ymgartrefodd ymhlith llond dyrnaid o frodorion, a fan 'na fuodd e am ddwy flynedd nes i long o Bortiwgal forio heibio, a'i gludo nôl i Ewrop... Dyna ble mae'r dyddiadur yn dod i ben... Ond wedyn ma'r peth rhyfedda...

Ar ddalen ola'r llawysgrif, mae Madog ap Hadog yn ewyllysio "tri cerfddelw o bren caled" i'w feibion — tri model â rigin o'i wneuthuriad ei hun — ar union lun y llong ryfel a ddrylliwyd ganddo oddi ar lan yr ynys fach honno... Ac mae un manylyn rhyfedd, lle mae e'n gweud wrth ei dri mab i symud y prif hwylbrenni nôl damed bach, ac yna'r geirie "llewych haul ar y lluwch".

Dyna ni, Capten! Rŷn ni'n mynd i ffeindio trysor Rhaca Goch!

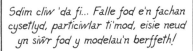

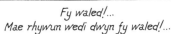

Beth sy?

NEFI!

Echryslon ddydd!... Mistar Sakharine!... Mae Mistar Sakharine wedi cael ei lofruddio!

?

Yn farw?

Nagyw, mae ei galon yn curo, ond mae arogl cyffur, clorofform...

Hei, Tintin, drycha... Model yr **UNCORN**, a'r mast wedi torri!

Ac mae bôn yr hwylbren yn wag, mae'r sgrôl wedi mynd!

O, mawredd y moroedd! Paid gweud fod rhywun arall ar drywydd Rhaca Goch hefyd?!

Peidied neb â symud!

Shwd ŷch chi, gyfeillion? Mae'n...

Ba sentimentaleiddiwch! Sgynnon ni'm ffrindia pan 'dan ni ar ddyletswydd!

Yn union! Yma'n unig-swydd i ddatrys ein cyfeillion!

Dyma fo 'lly, y corff...

Ia 'nde, dyma gorff yfo!

Ac os oes gynnon ni gorff, ma' gynnon ni ddrwgweithredwr!

Dadansoddiad rhagorol! Rŵan 'ta, os nad ydw i'n camgymryd, fedar y llofrudd ddim fod yn bell i ffwrdd...

Yn union... A dyna fo, yn fan 'na!

Fi? Yn lofrudd?! Ma'r wyneb 'da chi i 'nghyhuddo i?!... Wel, y bashi-baswcs yr yffarn!

Y jolihoetwyr jiawl! Y pryfetach defid!...

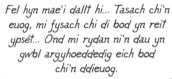

Y pelenni plwm!... Shrwmps y deri, 'na beth ŷch chi!... Y bili ffyliaid!...

Yr hyrddod brych!... Siolenni sol-ffa, myn yffach i!...

Pwyllwch, Capten!... Pwyllwch...

Ia, pluuuys, pwyllwch... Welwch chi, dim ond arbrawf bach oedd hynna...

Arbrawf, myn jiawl?!

Fel hyn mae'i dallt hi... Tasach chi'n euog, mi fysach chi di bod yn reit ypsét... Ond mi rydan ni'n dau yn gwbl argyhoeddedig eich bod chi'n ddieuog.

Ond mae 'na waith i'w wneud, fatha sbïad am olion bysedd.

Grasusas!... Mae'r corff wedi diflannu!

Ym... Mae'r corff yn eistedd i fyny!

Beth ddigwyddodd i chi, Mistar Sakharine?

O neno'r... Wel, neithiwr, mi nath gŵr alw yme efo hen ddarlunie i'w gwerthu... Wrth i mi bwyso i edrych yn nes, mi deimlish i gadach dros fy wyneb...

Clorofform oedd o, yn ddiame, mi syrthish i'n anymwybodol.

Rhyfadd 'nde... Ond does byth mwg heb dân...

Does byth mwg heb din!...
Dy chwyddwydr, a chditha'n dinboeth,
y lembo!... Ha! Ha! Ha!

Cau hi, wnei di?! Ti fatha
hogyn ysgol yn chwerthin,
a ninna hefo matar dyrys
i'w ddatrys yn fama!

Fedrwch chi ddisgrifio'r dyn
ddaeth yma i werthu'r darluniau?

Daliwch chi... 'Swn i'n medru
dychmygu 'mod i'n ei nabod o
rhwle... Ond ble?

Mi oedd o'n cario 'chydig gormod o
bwyse... Gwallt du, mwstash bach...
Mi oedd o'n gwisgo siwt las, het frown...

Dyna fe! Y dyn
ym Mhant-sod!

Daliwch chi... Dyn mewn pants od?

Y dyn arall oedd am brynu'r llong
wnes i ddod o hyd iddi yn y
farchnad... Sef yr un dyn wnaethoch
chi ei gyfarfod ar y staer pan
ddaethoch chi draw i'r fflat neithiwr
— roeddech chi'n meddwl mai
fe wnaeth ddwyn
eich waled......

Gyda llaw, mae rhywun wedi dwyn fy waled
i hefyd!

Tewch deud! Mae 'na gynnydd
syfrdanol wedi bod yn ddiweddar
yn niferoedd y waledi sy 'di cael
eu dwyn yn y dre... Hei, sbiwch...
Rhowch gynnig ar ddwyn fy waled i.

Dyna ni, ewch amdani...

Wedi'i dal â lastig!...

Syniad syml,
ond athrylithgar!

Syniad gwych!... Ond nawr, gwell i'r
Capten a minnau eich gadael i fwrw
mlaen â'r ymchwiliad... Hwyl am nawr.

Hmff, twdl-ŵ!

Ar y rât hyn, bydd trysor Rhaca Goch
wedi diflannu o dan
ein trwyne!

Chi'n iawn...

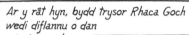

O... Mae 'na rywun yn disgwyl
amdana i tu fâs i'r fflat...

Y dyn o Bant-sod!

Mistar Tintin?

Ie. Sut fedra i eich helpu?

Licsen i gael gair 'da chi, Mistar Tintin, ond ddim mâs fan hyn ar yr hewl... Bydd hi'n dawelach os ewn ni miwn i'ch fflat...

Iawn, dewch i ni fynd mewn.

Dyma ni.

BANG BANG BANG

Hei, yr yffarns! Jiawled, myn yffarn i!

Capten! Capten, help!

Byddwch yn garcus... ma' nhw... ma' nhw'n barod i'ch saethu chi 'fyd...

Pwy?

Dwedwch... Pwy neith fy saethu i?

Fan 'na...

Adar y to?... Beth yw ystyr... O diawch, mae e'n anymwybodol!

SAETHU AR Y STRYD

Saethwyd dyn tua hanner cant oed yn farw ganol dydd ddoe ar Lwybr Labrador. Roedd y gŵr ar fin camu i dŷ pan saethwyd ato deirgwaith o gerbyd a oedd yn gyrru heibio. Trawodd y bwledi y gŵr yn agos i'w galon, a bu farw'n ddiweddarach yn yr Ysbyty Cyffredinol heb iddo

Druan ag e... Cewn ni fyth wybod pam nath e bwyntio at yr adar.

Shwmae, Capten, dewch mewn... Rwy ar y ffôn i'r ysbyty, yn holi am y dyn gafodd ei saethu...

Mae e 'di marw.

Helo?... Chi yw'r prif lawfeddyg, ie? Dyna ni, Tintin sy fan hyn... Bore da, eisie holi am y claf ydw i — oes unrhyw newid yn ei gyflwr?... Dal yn anymwybodol?... Ond mae llygedyn o obaith, oes?... Diolch yn fawr i chi, hwyl nawr.

?

Ond drycha, ma'r papur yn gweud fod e 'di marw...

Dyna'r stori wnaeth yr heddlu ei rhyddhau i'r wasg, er mwyn i'r troseddwyr gredu eu bod wedi llwyddo... Bydd hynny'n gwneud ymchwiliad yr heddlu dipyn yn haws o hyn ymlaen...

O reit, fi'n gweld... Ond ma' ddi'n dal i fod yn ddirgelwch pam fod y bachan wedi pwyntio at yr adar...

Ydy, Capten, mae'n dipyn o ddirgelwch... Tri aderyn y to... Beth oedd ystyr hynny?

Dyma ni unwaith eto, ar derfyn dydd, wedi bod yn chwilio ers oria am leidr eofn, pigwr pocedi sy'n plagio'r strydoedd...

Ac wele'r bws olaf adra!

Hei, fy waled!... Rŵan 'ta, 'dan ni wedi'ch dal y tro yma, y shinach digywilydd!

Dowch yma'r sbrych!

Hei, Capten!... Dewch 'da fi!

I ble?

Mae Parry-Williams a Williams-Parry wedi dod o hyd i fy waled!

Sdim dwywaith amdani, fy waled i yw hon...

Mi nathon ni ffeindio saith waled arall arno fo... Ffrwyth llafur diwrnod, mae'n siŵr.

Dyma'r sgrôl allan o hwylbren yr **UNCORN**... Edrychwch, Capten...

Ym, w, ie, teidi...

Ond sut wnaethoch chi lwyddo dal y pigwr pocedi?

Ei ddal o?... Wel, a deud y gwir, dim ond ei gôt nathon ni ddal.

A dyma hi?... Mae hi'n gôt anarferol iawn i leidr fod yn ei gwisgo...

Yndy...

Ond y draffarth ydy, does 'na'm cliwia arni hi all fod o unrhyw help i ddod o hyd i'r perchennog...

Falle...

Edrychwch ar y pwythau fan hyn — mae'r rhif yn dangos fod y gôt wedi bod i'r glanhawyr yn ddiweddar.

Rargian!

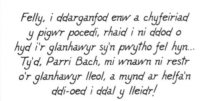

Felly, i ddarganfod enw a chyfeiriad y pigwr pocedi, rhaid i ni ddod o hyd i'r glanhawyr sy'n pwytho fel hyn... Ty'd, Parri Bach, mi wnawn ni restr o'r glanhawyr lleol, a mynd ar helfa'n ddi-oed i ddal y lleidr!

GLANHAWYR

AR AGOR

Ymhen ychydig ddyddiau...

Mistar Tintin?

Ar y llawr cynta.

Chi'n olreit? Yndan...

Mistar Tintin? Dyma'r set o lestri nathoch chi archebu...

Ond 'nes i ddim archebu unrhyw beth.

Ylwch, eich cyfeiriad chi sydd arno fo... Edrychwch...

Ty'd, ma'r clorofform 'di gneud ei waith, i mewn i'r crât ag o!

Gad i mi gau y drws...

?

WOWOW!

WOWOW!

Nag ôdd Mistar Tintin miwn?

Oedd, ond ma' 'na gamgymeriad 'di bod, nid ei archab o ydy hwn.

Ma'r cena gythral yna'n cadw twrw!

?

WOW! WOW!

Shwmae, Milyn bach! Beth sy'n bod?

Hei, bachan... Gofalus, rhag i ti gwympo!

Ma'r ci bach yn dŵ-lal... Shgwlwch arno fe'n rhedeg ar ôl y fan.

Wel 'na beth od! Dyw e byth yn mynd mâs heb ei fishtir.

Odi Tintin lan llofft?

Odi odi.

Hei, Misus Moses! Misus Moses! Dyw Tintin ddim 'ma!

E?... O, wel, ble gall e fod?

Drannoeth...

Beth yw'r lle hyn?

Mae'n teimlo fel 'mod i'n gaeth...

Yn gaeth ac yn garcharor!

Does neb yna!
Ond fe glywes i'r llais yn glir...

Do, fe glywsoch y llais!

Ond... Pwy ŷch chi?
Ble'r ŷch chi?

Pwy ydw i? Ysbryd ydw i...
Ysbryd capten yr UNCORN!

Ha! Ha! Ha! Ha! Ha!

Ha! Ha!... Dyna godi dychryn arnoch!...
Dewch yn nes at y drws... Dewch!

Ychydig yn nes eto...
Nawr, fedrwch chi weld y meicroffon?

Pwy ŷch chi?... Pam ydw i yma?

Pwy ydw i?... Rhaid i mi
aros yn anhysbys, mae arna i
ofn... Ond mae'n rhaid eich bod
yn gwybod pam eich bod yma...

Mae angen i chi ddweud ble mae'r sgroliau –
y ddwy sgrôl wnaethoch chi eu lladrata
oddi arna i...

Ond wnes i ddim dwyn
unrhyw beth, a dim ond
un sgrôl fuodd gen i.

Dewch o 'na! Roeddwn i wedi
darganfod dwy allan o'r tair sgrôl,
ond fe wnaethoch chi eu lladrata.
Ac er i ni chwilio drwy eich fflat â
chrib fân y noson honno, dim ond
y drydedd sgrôl sydd yn eich
waled nawr. Felly, ble mae'r
ddwy arall?

Does gen i
ddim syniad!

Fel y mynnwch... Ond rwy'n eich
rhybuddio, fe wnewch chi ddatgelu'r
gwir! Oni fyddwch wedi dweud ble
mae'r sgroliau o fewn y ddwyawr nesa,
fe wna i ddefnyddio dulliau mwy
cyhyrog i'ch cymell i roi'r wybodaeth
i mi!

Ond clywch...
O! Maen nhw
wedi diffodd
y meicroffon...

Wel, rwy mewn tipyn o dwll...
Sut wna i ddianc o hyn?

Dwyawr!... Mae gen i ddwyawr i ddianc... Ond sut wna i hynny?

?

Hmmm, oes modd defnyddio'r trawst yma i'w hyrddio yn erbyn y drws?...

Na, rhy drwm, dim gobaith!

Ond bydd rhaid dianc rhywsut a bod yn bell iawn o'r fan hyn ymhen dwyawr!

!

Wrth gwrs!

Yn gynta, rhaid mygu'r meicroffon gyda hances...

Bydd neb yn gallu clywed fy sŵn i nawr...

Reit, mae 'na waith i'w wneud!

Yn gynta, clymu'r dillad gwely at ei gilydd...

...ac yna eu clymu'n dynn i'r trawst...

Nawr tynnu!... Un, dau, tri!... Un, dau, tri!... Un, dau, tri!...

Dim rhoi'r gore iddi, sdim i'w wneud ond dechre eto...

Yn y cyfamser...

!

I mewn i ddŵr glân yr afon, a bydda i'n wyn fel yr eira!

Dyna welliant, ci bach gwyn unwaith 'to...

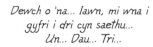

 Felly, gyfaill, fe wnaethoch dybio fod modd ein twyllo trwy guddio mewn arfwisg? Wel, dyma chi wedi eich dal!

Dewch o 'na... Iawn, mi wna i gyfri i dri cyn saethu... Un... Dau... Tri...

 BANG BANG

 GONG !

 Melltith! Roedd yr arfwisg yn wag!

Ond beth?...

 Y fwled yn taro'r gong oddi ar yr arfwisg, dyna beth oedd y sŵn arall... Dere, does dim diben i ni wastraffu mwy o amser fan hyn...

 Ffiw!... Nawr, cyfle i mi ddianc wrth iddyn nhw chwilio amdana i draw fan 'na...

 Maen nhw wedi mynd o'r golwg...

 CWCŴ!

 CWCŴ! CWCŴ! CWCŴ!

 Nid Tintin yw hwnna, y twpsyn! Dim ond cwcw'r cloc yw e!... Nawr, dere!

 Dyma ni, ychydig gamau eto...

 !

Dyna sut mae cyfri!

Y cythraul bach! Mi wnaiff y bachgen dalu am hyn!

Flin iawn, ond mae'n bryd i mi adael!

Nawr, eu tro nhw yw hi i gael eu cloi mewn...

Does dim amser i'w golli... Rhaid i'r ddau ddihiryn yna gael eu rhoi yng ngofal yr heddlu!

!

O! Nawr rwy'n deall beth oedd y dyn yna'n ei olygu wrth bwyntio at yr adar... Roedd e'n dweud wrtha i beth oedd cyfenw'r dynion wnaeth ymosod arno!

y Brodyr Derrin
Gwerthwyr Creiriau Cain
Mabelfyw Bach
y Cantref Mawr

Iawn, rhaid ffonio'r Capten ar unwaith...

Helo... Ie, ie, fi sy 'ma... Pwy?... Beth?... Wel, Tintin 'chan!... Ble wyt ti, gwêd?... Helo? Helo?... Tintin, wyt ti 'na?

Pwy ydw i?... O, ym, wel... Fi yw ysgrifennydd personol newydd y Brodyr Derrin... Rwy'n synnu nad oes unrhyw un wedi dweud wrthoch...

Mae'n ddrwg gen i, syr... Wyddwn i ddim...

Nestor!... Nestor, wyt ti yno?

Clyw, Nestor, mae 'na hwligan ifanc wedi torri i mewn i'r tŷ!... Rhaid i ti ei rwystro rhag cysylltu â rhagor o wehelyth tebyg iddo!... Paid â gadael iddo ddianc, beth bynnag wnei di... Rŷn ni ar ein ffordd!

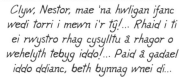

Helo! Capten?... Rwy ym Mabelfyw Bach... Dewch yma gyda'r heddlu!... Clywch... Mabelfyw, wedes i...

Rhowch y ffôn yna i lawr!

Mabel View?!... Helo?... Sai'n deall gair ti'n gweud, grwt!

Mabelfyw Bach, Capten! Mabelfyw Bach!

E?... Mae'n byw mewn sach?!... Helo?... Tintin!... Mawredd! Beth gythrel sy'n mynd 'mlaen?

45

Mabelfyw Bach!... Mabelfyw Bach!...

Capten! Odych chi'n fy nghlywed i?... Rwy ym Mabelfyw Bach... Nage, nage, enw'r lle yw Mabelfyw Bach!

Jiawl eriôd!... Pwy siort o gêm ti'n whare?! Helo?... Helo?...

HELP! HELP!

Llais Nestor oedd hwnna!

Wel, dyna hi wedi canu ar y ffôn... Mae e wedi torri!

Does gen i ddim dewis ond dianc ar droed!

Fedrith e ddim dianc nawr!

46

Dere 'mlaen... Paid ti â meiddio colli'r trywydd!

Brutus!... Hei, Brutus!

WOW! WOWOW!

Diolch byth am y boncyff!

50

Ble maen nhw'n mynd?...
O, wela i, mae'r hwligan bach
am wneud yn siŵr fod
Brutus yn ddiogel
nôl yn ei gwb.

WOW!
WOW!

Dyna'r ci nôl yn y cwb... Nawr, gyfeillion,
mae'n bryd i ni siarad gyda'r heddlu!

Dyma nhw'n dod... Mi fyddan
nhw'n cerdded heibio'r ffenestri
ar y llawr gwaelod... Efallai
fod modd...

Pwyll piau hi, Nestor!

Dyma ni... Gofalus,
bydd dim ail gyfle...

Nestor!

O diar... Wnes i mo'i
daro'n ddigon caled...

Unwaith eto...

O diar!

Mae'r gwn gen i nawr,
fachgen!

Nestor, dere di fan hyn, a dere
â rhaffau cryf hefyd...

Eich tro chi i gerdded,
gyfaill... Fe wyddoch
y drefn i'r dim...
Un symudiad amheus,
ac fe wna i eich saethu!

! AWW! Milyn!

Shwd wyt ti, Milyn?!...
Dere fan hyn, mae hi
mor dda dy weld!

Arhoswch yn yr unfan!

Eto?

Ond... Lleisie'r
ddau dditectif!

Y bashi-
baswˆcs!

A dyma'r Capten Hadog!... Hwrê!

!

Wel, y cythrel!...
Yr asarabacca yffarn!...
Cer o 'ma!

Capten!... Peidiwch, plîs...
Beth ŷch chi'n neud?!

53

Cymer hyn,
y cachgi bwm!

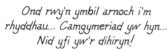

Ôdd y cythrel bach yn codi,
ac ar fin dy saethu di...

Ond rwy'n ymbil arnoch i'm
rhyddhau... Camgymeriad yw hyn...
Nid yfi yw'r dihiryn!

Dyma nhw,
y ddau dditectif...

Yr hogyn ifanc yma, hwn ydy'r
hwligan wnaeth dorri i mewn i'r tŷ
yn gwbl anghyfreithlon... Hwn
yw'r drwgweithredwr... Pam na
wnewch chi fy nghredu i?

Rhaid i mi ddweud nad
yw Nestor wedi gwneud
dim o'i le... Fe wnaeth ei
feistri ei gamarwain,
a dweud wrtho mai fi
oedd y troseddwr...

Dy feistri di yw'r troseddwyr, gwboi! Dishgwl
ar beth sy'n weddill o'r botel wisgi Saith Seren
ôdd 'da fi, wedi
chwalu'n yfflon!
Ac ma'r bai i gyd
ar dy feistri di,
bachan bach!

Ac ar ben hynny, ma'
gynnon ni warant ar gyfar
eu restio nhw!

Fy waled!... Ond...
Fedra i ddim credu'r peth!

Ond mae eich waled yn ddiogel...

Dyna'r union beth fedra i mo'i
gredu!... Does 'na neb 'di dwyn
fy waled!

Beth am y lleidr? Y pigwr pocedi?...
Ydych chi wedi llwyddo ei ddal?

Mi fyddwn ni 'di ddal o
cyn cinio yfory!

Nathon ni ddod o hyd i'w enw
drwy'r cwmni glanhawyr... Quink
Ben Zidane ydy ei enw fo, ac mi
roeddan ni ar y ffordd i'w restio
pan ddaeth yr alwad i restio'r Brodyr
Derrin fan yma... Felly dyma ni!

Tawelwch bawb!

Foneddigion, a ddaeth cyfraith gwlad i hyn? Fel wedodd Tintin, mae'r gŵr yma yn gwbl ddieuog... Dewch, sdim eisie i'r bwtler bach diniwed fod mewn cyffion... Os wnewch chi ei adael yn rhydd, gall e fynd i mofyn potel arall o wisgi Saith Seren i fi...

Reeeit, wel, ia 'nde... Dyna fo, mi 'dach chi'n rhydd... Mi nawn ni ddefnyddio'r cyffion hyn ar gyfar eich meistri!

Byddwn ni'n dy ddilyn bob cam, Nestor! Cofia di... Saith Seren!

Wel, Capten, dwedwch sut wnaethoch chi ddod o hyd i mi.

E?... O ie, wel, ti'n gweld...

Dealles i ddim gair o beth wedest ti ar y ffôn... Ond ar ôl i ti alw, fe ges i alwad ffôn arall o'r ysbyty...

...ac adroddiad ar y bachan ôdd mor daer am y tri aderyn — wel, er nad ôn nhw wedi barnu y bydde fe'n byw ar ôl anafiade mor ddifrifol, fe wellodd e'n raddol bach nes iddo fe allu rhoi enwe'r sawl nath ei saethu fe i'r heddlu...

...y Brodyr Derrin o Mabelfyw Bach — a phan glywes i'r enw, wel, fe ddealles i'n syth beth ôt ti'n treial ei 'weud ar y ffôn — doedd dim eiliad i'w golli, felly fe gysylltes i â'r polîs, a dyma ni!

BWMP* *IAW! BWMP WA! * * *

Camgymeriad oedd gadal y dihirod yng ngofal Parry-Williams a Williams-Parry...

Mae un ohonyn nhw'n dianc!... Drychwch, mae e'n diflannu rownd talcen y tŷ!

Fe yw'r mwya peryglus o'r ddau... Rhaid ei atal rhag dianc!

BRRRWM BRRRWM

O na, mae e'n tanio injan y car!

Hei, y bashi-baswc!... Y twrch trwyth!... Y titw pytaten!... Myn jiawl...

Rhy hwyr, mae e wedi mynd!

Fe wnawn ni'n siŵr nad yw'r brawd arall yn dianc, ond mae angen help ar y ddau dditectif...

Daliwch yn sownd, dewch i fi roi...

Siort ora!

Nawr, rwy'n credu fod angen esboniad...

Wna i ddweud dim byd!

Erbyn hyn, mae'r gŵr wnaethoch chi geisio'i ladd wedi gwella'n llwyr — fe wnaeth roi eich enwau i'r heddlu.

Ond... Wnaeth Barnabas ddim marw?

Os felly, cystal i mi ddweud y cyfan... Pan wnes i a 'mrawd brynu'r maenordy yma ddwy flynedd yn ôl, fe ddaethon ni o hyd i hen fodel cywrain o long, mewn cyflwr truenus, yn un o'r llofftydd...

YR UNCORN!

Ie, yr UNCORN... Ac wrth fynd ati i atgyweirio'r model, fe wnaethon ni ddarganfod memrwn ag arno hen ysgrifen yn rhoi rhyw fath o gyfarwyddiadau... Tybiodd fy mrawd, Macwy, mai sôn am drysor a wnai'r memrwn, ond ei fod yn cyfeirio at dri UNCORN... Roedd rhaid dod o hyd i'r ddau arall, felly...

Roedd gyda ni gysylltiadau mewn marchnadoedd hen greiriau ar draws y wlad, pobol fyddai'n chwilota ac yn chwilio ar ein rhan am bethau anghyffredin... Ac ymhen ychydig wythnosau, cysylltodd Barnabas i ddweud ei fod wedi gweld llong debyg ym marchnad Pant-sod... Yn anffodus, roedd Barnabas yn rhy hwyr gan fod gŵr ifanc newydd brynu'r llong...

Iawn, rŷn ni'n gwybod gweddill y stori — fe wnaethoch chi orchymyn fod Barnabas yn dwyn yr UNCORN oddi arna i... Ond gan nad oedd golwg o'r sgrôl yn yr hwylbren, fe ddaeth e nôl i dwrio pob twll a chornel o'r fflat, ond heb unrhyw lwc... Beth ddigwyddodd wedyn?

Pa ddiben i mi beidio â dweud popeth...

Daeth Barnabas nôl yn waglaw, ond yna fe gofiodd am y dyn arall wnaeth geisio prynu eich llong...

A'r diwrnod nesa, fe aeth i ymweld â Mistar Sakharine, cyn ymosod arno a dwyn y drydedd sgrôl...

Dyna ni yn union... Ond wedi i Barnabas roi'r sgrôl i ni, cafwyd ffrae ofnadwy rhyngddo yntau a 'mrawd ynglŷn ag arian — roedd Barnabas eisiau mwy o dâl am ei ymdrechion, ond roedd Macwy yn gwrthod... Yna fe wnaeth Barnabas fygwth datgelu'r cyfan cyn rhuthro o'r tŷ, ac roedd Macwy yn ofni y byddai'n ein bradychu i'r heddlu... Felly, fe wnaethom ei ddilyn yn y car...

...a dyna gadarnhau ein hofnau wrth ei weld yn siarad gyda chi ar y stryd tu allan i'ch cartref — doedd dim dewis ond gyrru heibio a'i saethu yn y fan a'r lle, cyn iddo gamu drwy'r drws a datgelu'r cyfan i chi.

Wela i, rwy'n deall hynna i gyd... Ond mae'n ddryswch i mi pam wnaethoch chi fy nghipio i...

Mae hynny'n amlwg — er mwyn eich gorfodi i roi yn ôl y ddau femrwn wnaethoch eu dwyn oddi arnom rai dyddiau wedi saethu Barnabas.

Sut fyddwn i wedi gallu gwneud hynny heb wybod dim oll am eich bodolaeth?... Ond 'sgwn i, falle mai...

Ie, falle fod Mistar Sakharine wedi cael gafael ar y sgroliau...

Haleliwia!

O'r diwadd!... Mae o 'di llwyddo tynnu'r hen fowlar oddi ar fy mhen!

Dewch, Capten, mae angen eich help llaw eto...

Ar eich marciau... barod...

Ewch!

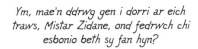

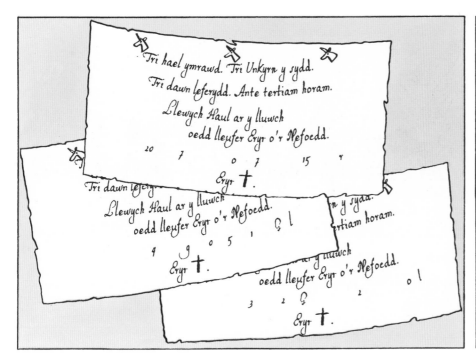

Jiawl eriôd, grwt, cer di mâs i whilo am drysor môr-ladron os wyt ti eisie, ond wi 'di cael llond bola!... Mawredd y moroedd, twll i Rhaca Goch a'i berlau mân... Nid wy'n gofyn bywyd moethus, cred ti fi, dyw'r tri darn bach 'na o femrwn ddim yn neud unrhyw sens!... Jiawl, ma' syched arna i...

Capten! Wrth gwrs! Dyna ni!

Mae'r cyfan yno yn y geirie... "Llewych haul ar y lluwch"... Drychwch, os ydw i'n codi'r tri gyda'i gilydd i fyny at lewych y golau...

..."Tri hael ymrawd... Tri dawn leferydd"... Odych chi'n gweld beth ydw i'n ei weld?...

Nefi wen, bachan bach! Mae'r llythrenne a'r rhife yn gyfan gyda'i gilydd, dishgwl!...

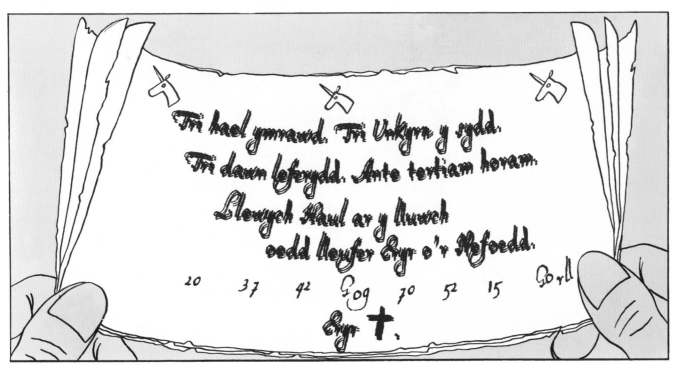

Dyna'r manylion lledred a hydred...

Yn gwmws, y wybodaeth sy'n nodi union leoliad yr **UNCORN** ar wely'r môr!

Reit, Capten, odych chi'n barod i fynd ar helfa drysor?

E?... O, ie, wel...

Dere i ni weld... Bydd eisie llong arnon ni... Mae'r **SIRIUS** yn barod fel llong siarter, mae hi yn y doc ar hyn o bryd gyda fy hen ffrind Cairo... Wedyn bydd angen criw, gwisgoedd tanddwr a'r holl offer ar gyfer antur fel hon... Bydd rhaid neilltuo tua mis i drefnu'r cyfan yn iawn... Dyna ni, gallwn ni fod yn barod i forio ymhen mis!

A dod o hyd i drysor Rhaca Goch!

Ond nid helfa drysor gyffredin fydd hi, a bydd digon o antur ar y ffordd... Cewch ddarllen y cyfan yn y gyfrol nesa... **TRYSOR RHACA GOCH**

· HERGÉ ·